1 NUDEL – 50 SAUCEN

Pastaglück für jeden Tag

Autor: Martin Kintrup | Fotos: Wolfgang Schardt

INHALT

TIPPS UND EXTRAS

8 SCHNELL GERÜHRT

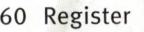 

Das grüne Blatt bei den Rezepten heißt fleischloser Genuss:
Mit diesem Symbol sind alle vegetarischen Gerichte gekennzeichnet.

ECHTE FREUNDE

Manche Verbindungen halten ein ganzes Leben. Auf dieser Seite stelle ich Ihnen die acht unzertrennlichen »Freunde« der Pasta vor.

1 FRISCHE KRÄUTER

Wer Pesto mag, liebt Basilikum. Seit Pesti fleißig variiert werden, finden aber auch Petersilie und Minze immer mehr Anklang. Genauso sind Rosmarin und Thymian aus der Pastaküche kaum wegzudenken, vor allem wenn Fleisch mit im Spiel ist.

2 TOMATEN

Bis zum 18. Jh. nur als Zierpflanze genutzt, haben die roten Früchte (nicht nur in Italien) einen unvergleichlichen Siegeszug angetreten. Heute geht kaum etwas ohne Cocktailtomaten, Strauchtomaten und Co. Mein Tipp: Ochsenherz- und Datteltomaten schmecken besonders fruchtig.

3 PINIENKERNE

Für Pesto alla genovese unverzichtbar und auch als nussiges Topping heiß geliebt. Die länglichen Kerne der europäischen Pinie sind den günstigen und kürzeren, eher dreieckigen Verwandten aus Asien geschmacklich überlegen. Sie entwickeln ihr unvergleichliches Aroma, wenn sie sanft angeröstet werden. Aber Vorsicht: Pinienkerne verbrennen schnell und schmecken dann bitter.

4 PARMESAN

Der Inbegriff des italienischen Hartkäses. Kenner lieben den würzigen, lange gereiften Parmesan mit den typischen, leicht knusprigen Käsekristallen. Andere bevorzugen jungen, milden Grana Padano. Einfach mal beides ausprobieren!

5 RUCOLA

Senfölen verdankt die Rauke (so die heimische Bezeichnung für Rucola) ihren leicht scharfen Geschmack. Sie peppt nicht nur fade Salate auf, sondern hat auch einen festen Platz in der Pastaküche erobert – ob frisch im Pesto (siehe S. 10) oder kurz erwärmt wie in der Pasta al pollo (siehe S. 21).

6 ZITRONEN

Viele Saucen vertragen zum Abrunden noch etwas Säure. Die Alternative zu Essig ist dabei frisch gepresster Zitronensaft. Wünscht man nur ein zitroniges Aroma ohne Säure, ist abgeriebene Zitronenschale das Richtige. Dafür immer nur die Schale von gründlich gewaschenen Bio-Zitronen verwenden. Wichtig: Zitronenschale nur kurz mitgaren!

7 STEINPILZE

Anders als z. B. die milden Champignons schmecken Steinpilze richtig kräftig. Da sie nur wenige Monate Saison haben, verwenden Pastaköche meist getrocknete Exemplare. Diese gründlich abwaschen, dann in Wasser einweichen und samt Einweichflüssigkeit weiterverwenden.

8 SPECK

Ob geräuchert oder luftgetrocknet – kurz angebraten verleiht Speck Pasta und Saucen eine herzhafte Note. Auch perfekt für eine schnelle Resteverwertung: Speckwürfel einfach mit Zwiebeln und Pasta anbraten, salzen, pfeffern, fertig!

NUDELN SELBST GEMACHT

300 g Hartweizenmehl (ersatzweise 200 g Weichweizenmehl + 100 g Hartweizengrieß) | Salz |
1 EL Olivenöl | Mehl zum Arbeiten

Für 4 Personen | 35 Min. Zubereitung | 2 Std. Ruhen | Pro Portion ca. 295 kcal, 8 g EW, 6 g F, 53 g KH

1 Das Mehl und 1 Msp. Salz in einer Schüssel mischen. Das Öl und $1/8$ l Wasser dazugeben, alles gründlich mischen und ca. 5 Min. durchkneten.

2 Den Teig auf der bemehlten Arbeitsfläche zu einer Kugel formen, in Frischhaltefolie wickeln und bei Zimmertemperatur ca. 30 Min. ruhen lassen.

3 Jeweils ein Viertel vom Teig abnehmen und mehrfach durch die Nudelmaschine laufen lassen, bis eine gleichmäßig dünne Teigplatte entstanden ist.

4 Den restlichen Teig auf die gleiche Weise verarbeiten. Die Platten auf bemehlten Küchentüchern ca. 30 Min. ruhen lassen.

5 Die Platten mit dem Nudelroller oder einem Messer in beliebige Formen schneiden, z. B. in Bandnudeln oder Tagliatelle.

6 Die Nudeln auf den Tüchern nochmals ca. 1 Std. ruhen lassen. Dann in reichlich kochendem Salzwasser bissfest garen.

BASILIKUMPESTO

40 g Macadamianüsse oder Pinienkerne | 80 g Basilikum | 1 Knoblauchzehe | 50 g Parmesan oder Pecorino (am Stück) | 120 ml Olivenöl | Salz | Pfeffer | Zitronensaft | flüssiger Honig

Für 4 Personen | 15 Min. Zubereitung | Pro Portion ca. 135 kcal, 6 g EW, 11 g F, 4 g KH

1 Die Nüsse grob hacken und in einer Pfanne ohne Fett hellbraun rösten. Anschließend wieder aus der Pfanne nehmen.

2 Basilikum waschen, trocken schütteln und die Blätter abzupfen. Knoblauch schälen und grob würfeln. Den Käse reiben.

3 Basilikum, Nüsse und Knoblauch mit Öl pürieren, den Käse unterrühren. Mit Salz, Pfeffer, Zitronensaft und Honig würzen.

4 Zum Servieren Nudeln (z.B. Spaghetti) nach Packungsanweisung garen. Abgießen und 1 Tasse Kochwasser auffangen.

5 Die gegarten Nudeln und das Pesto im Nudelkochtopf oder in einer Schüssel mischen, dabei etwas Kochwasser dazugießen.

TIPP

Bei Pesto, Salsa & Co. koche ich immer 500 g Nudeln für 4 Personen. Bei reichhaltigeren Saucen reichen in der Regel 400 g Pasta für die gleich Personenanzahl, weil die Saucen stärker sättigen.

SCHNELL GERÜHRT

Gerade im Sommer liebe ich kalte Saucen aus frischen Zutaten. Gut, dass die Zeiten, in denen es nur Pesto alla genovese gab, längst vorbei sind. Heute erleben aromatische Pesti und Salsas aus allerlei Kräutern, Käsesorten und Nüssen einen leckeren Boom. Hier lernen Sie meine persönlichen Favoriten kennen!

TOMATEN-ZIEGENKÄSE-SALSA

900 g reife Tomaten | 1 rote Zwiebel | 2 Knoblauchzehen |
2 EL Kapern | 6 EL Olivenöl | 2 EL Aceto balsamico |
1 EL flüssiger Honig | Salz | Pfeffer | 2 Handvoll Basilikum-
blätter | 100 g Ziegenfrischkäserolle

Sommerlich frisch 🌿

Für 4 Personen | 20 Min. Zubereitung
Pro Portion ca. 395 kcal, 7 g EW, 36 g F, 10 g KH

1 Die Tomaten waschen, halbieren und entkernen, dabei die
Stielansätze entfernen. Die Tomatenhälften klein würfeln. Zwiebel und Knoblauch schälen und fein würfeln. Die Kapern fein
hacken. Alles in einer großen Schüssel mit Öl, Essig und Honig
mischen und mit Salz und Pfeffer würzen. Die Salsa leicht mit
einer Gabel andrücken und ca. 10 Min. ziehen lassen.

2 Inzwischen das Basilikum waschen, trocken schütteln und in
Streifen schneiden. Den Ziegenkäse klein zerbröckeln und mit
der Hälfte des Basilikums unter die Salsa heben. Mit Salz und
Pfeffer abschmecken.

3 Frisch gekochte Nudeln (z. B. Spaghetti) mit der Salsa
mischen. Die Nudeln auf Teller verteilen, mit grob gemahlenem
Pfeffer bestreuen und mit dem restlichen Basilikum garnieren.

FRÜHLINGSPESTO

1 Bund Radieschen | 50 g Parmesan (am Stück) |
1 Knoblauchzehe | 40 g Walnusskerne |
100 ml Öl (z. B. Rapsöl) | 1 – 2 EL Aceto balsa-
mico bianco | 2 TL körniger Senf | 2 – 3 TL flüssi-
ger Honig | 2 Frühlingszwiebeln | 1 Beet Kresse |
1 hart gekochtes Ei | Salz | Pfeffer

Mit Aromakick

Für 4 Personen | 15 Min. Zubereitung
Pro Portion ca. 385 kcal, 9 g EW, 36 g F, 6 g KH

1 Das Radieschengrün abschneiden, waschen
und trocken schütteln. Den Parmesan grob zerbröckeln. Den Knoblauch schälen und fein würfeln.
Die Walnüsse grob hacken. Alles mit Öl, 1 EL Essig,
Senf und 2 TL Honig fein pürieren.

2 Zwiebeln putzen, waschen und in Ringe schneiden. 3 Radieschen waschen und würfeln. Kresse
vom Beet schneiden, Ei pellen und würfeln. Alles
unter das Pesto rühren, ca. 5 Min. ziehen lassen.
Mit Salz, Pfeffer, Essig und Honig abschmecken.
Pesto mit gekochten Nudeln (z. B. Spaghetti) mischen, dabei evtl. etwas Kochwasser dazugeben.

RUCOLA-FETA-PESTO

40 g Kürbiskerne | 50 g getrocknete Cranber-
rys | 70 g Rucola | 120 g Schafskäse (Feta) |
1 Knoblauchzehe | 60 ml Olivenöl | 1 EL Weiß-
weinessig | 1 EL flüssiger Honig | Salz | Pfeffer

Überraschend anders

Für 4 Personen | 15 Min. Zubereitung
Pro Portion ca. 315 kcal, 8 g EW, 25 g F, 14 g KH

1 Die Kürbiskerne in einer Pfanne ohne Fett rösten, bis sie knacken. Dann aus der Pfanne nehmen
und mit den Cranberrys fein hacken. Den Rucola
verlesen, waschen und trocken schleudern. Grobe
Stiele entfernen und die Blätter ebenfalls fein hacken. Kürbiskerne, Cranberrys und Rucola in einer
Schüssel mischen.

2 Den Feta fein zerbröckeln und dazugeben. Den
Knoblauch schälen und dazupressen. Öl, Essig und
Honig verrühren, hinzufügen und alles gründlich
mischen. Das Pesto mit Salz und Pfeffer abschmecken. Zum Servieren frisch gekochten Nudeln (z. B.
Spaghetti oder Tagliatelle) mit dem Pesto mischen,
dabei evtl. etwas Nudelkochwasser dazugeben.

INGWER-MINZE-PESTO

1 Stück Ingwer (ca. 20 g) | 1 Knoblauchzehe |
2 Handvoll Minzeblätter | 2 Bio-Limetten |
50 g Cashewkerne oder Macadamianüsse |
Chiliflocken (z. B. Pul biber) | 120 ml Sonnen-
blumenöl | Salz | Pfeffer | brauner Zucker

Exotisch und minzefrisch

Für 4 Personen | 15 Min. Zubereitung
Pro Portion ca. 365 kcal, 2 g EW, 36 g F, 8 g KH

1 Den Ingwer und den Knoblauch schälen und
fein hacken. Die Minze waschen und trocken schut-
teln. Die Limetten heiß waschen und abtrocknen,
die Schale abreiben und den Saft von 1 Limette
auspressen. Die Cashewkerne hacken und in einer
Pfanne hellbraun rösten, sofort herausnehmen.

2 Ingwer, Knoblauch, Minze, 2 EL Limettensaft,
Limettenschale, Cashewkerne, 1 Prise Chiliflocken
und das Öl im Blitzhacker pürieren. Das Pesto mit
Salz, Pfeffer, Zucker und Limettensaft abschmecken. Zum Servieren frisch gekochte Nudeln (z. B.
Spaghetti) mit dem Pesto mischen und dabei evtl.
etwas Nudelkochwasser dazugeben.

SIZILIANISCHES PESTO

1 Knoblauchzehe | 50 g Cocktailtomaten | 1 Hand-
voll Basilikumblätter | 30 g getrocknete, in Öl
eingelegte Tomaten | 20 g Parmesan (am Stück) |
30 g Pinienkerne | 80 g Ricotta | 75 ml Olivenöl |
Salz | Pfeffer | Zucker | Aceto balsamico bianco

Cremig-würzig

Für 4 Personen | 10 Min. Zubereitung
Pro Portion ca. 325 kcal, 5 g EW, 31 g F, 5 g KH

1 Den Knoblauch schälen und in dünne Scheiben
schneiden. Die Tomaten waschen. Das Basilikum
waschen, trocken schütteln und die Blätter abzupfen. Die getrockneten Tomaten abtropfen lassen.
Den Parmesan grob zerbröckeln. Die Pinienkerne
in einer Pfanne ohne Fett hellbraun rösten und
sofort wieder herausnehmen.

2 Die vorbereiteten Zutaten mit dem Ricotta und
dem Öl im Blitzhacker fein pürieren. Das Pesto mit
Salz, Pfeffer, Zucker und Essig abschmecken. Zum
Servieren frisch gekochte Nudeln (z. B. Spaghetti)
mit dem Pesto mischen und dabei evtl. etwas
Nudelkochwasser dazugeben.

APFEL-NUSS-PESTO

Dieses Pesto hat nicht nur ein wunderbares Aroma, sondern auch Biss. Dazu noch ein krosses Sellerie-Topping mit Speck, und der Genuss ist perfekt!

50 g Haselnusskerne
60 g Apfelchips
40 g Parmesan (am Stück)
120 ml Öl (z. B. Rapsöl)
Salz | Pfeffer
Cayennepfeffer
250 g Knollensellerie
1 Handvoll Petersilienblätter
4 Frühlingszwiebeln
100 g Schinkenspeck
(in Würfeln)
2 EL Butter
2 TL Honig
1 EL Aceto balsamico bianco

Lecker im Herbst

Für 4 Personen |
30 Min. Zubereitung
Pro Portion ca. 675 kcal,
7 g EW, 66 g F, 13 g KH

1 Für das Pesto die Nüsse grob hacken und in einer Pfanne ohne Fett hellbraun rösten, dann wieder herausnehmen. Mit 40 g Apfelchips und dem zerbröckelten Parmesan im Blitzhacker oder mit dem Pürierstab fein zermahlen. Das Öl dazugeben und alles fein pürieren. Mit Salz, Pfeffer und Cayennepfeffer abschmecken.

2 Den Sellerie schälen, zuerst in dünne Scheiben und diese in Rauten schneiden. Die Petersilie waschen und trocken schütteln. Die Frühlingszwiebeln putzen, waschen und in dicke Ringe schneiden. Die übrigen Apfelchips grob zerbröckeln. Den Speck in einer Pfanne auslassen, herausnehmen. Die Butter in der Pfanne zerlassen, den Sellerie darin bei schwacher bis mittlerer Hitze ca. 9 Min. dünsten. Nach ca. 6 Min. Petersilie, Frühlingszwiebeln, Apfelchips, Speck, Honig und Essig dazugeben und mitdünsten. Die Selleriemischung mit Salz, Pfeffer und Cayennepfeffer abschmecken.

3 Zum Servieren das Apfel-Nuss-Pesto mit frisch gekochten Nudeln (z. B. Tagliatelle) mischen, dabei evtl. etwas Kochwasser untermischen. Die Pestonudeln mit Salz und Pfeffer abschmecken, auf Teller verteilen und die Selleriemischung darauf anrichten.

VARIANTE SALSA DI NOCI

Kennen Sie diese vegetarische Nuss-Sauce aus Ligurien? Dafür 130 g Walnusskerne, 3 EL Paniermehl, 3 EL Olivenöl, 2 geschälte Knoblauchzehen, 2 EL Rosmarin und etwas Salz im Blitzhacker fein pürieren. Die Paste in einer Pfanne leicht anrösten. Mit 100 g Sahne ablöschen, 180 ml Milch dazugießen, alles cremig einkochen lassen und nochmals abschmecken. Mit frisch gekochten Nudeln mischen, dabei ggf. noch etwas Milch dazugießen. Mit geriebenem Parmesan servieren.

SCHARFES KRÄUTERÖL

1 Bio-Zitrone | 2 Handvoll gemischte Kräuterblätter (z. B. Minze, Kerbel, Petersilie, Basilikum, Bärlauch) | 1 Knoblauchzehe | 2 getrocknete Peperoncini (ersatzweise 1 Msp. Pul biber) | 2 EL Kapern | 100 ml Öl (z. B. Rapsöl) | 1 TL flüssiger Honig | Salz | Pfeffer

Extrem aromatisch

Für 4 Personen | 20 Min. Zubereitung
Pro Portion ca. 235 kcal, 0 g EW, 25 g F, 2 g KH

1 Die Zitrone heiß waschen und abtrocknen, die Schale fein abreiben und den Saft auspressen. Die Kräuter waschen, trocken schütteln und fein hacken. Den Knoblauch schälen und fein würfeln. Die Peperoncini fein zerbröseln. Kräuter, Zitronenschale, Knoblauch, Peperoncini und Kapern mit dem Öl verrühren. 2 TL Zitronensaft und den Honig unterrühren und alles mit Salz und Pfeffer würzen.

2 Das Kräuteröl in einem Topf erwärmen. Frisch gekochte Nudeln (z. B. Spaghetti oder Linguine) unterrühren und zuletzt alles mit Salz und Zitronensaft abschmecken.

TIPP

Ob Vegetarier, Fleischfan oder Fischfreund – für alle gibt es eine passende Ergänzung zu diesem Kräuteröl: Veggies braten je 100 g in Scheiben geschnittene Zucchini und gewürfelten Halloumi, Fleischfans 200 g Kalbsrückenstreifen und Fischesser je 100 g gewürfeltes Lachsfilet und geschälte, gegarte Garnelen in je 1 EL Olivenöl an. Dann jeweils das Kräuteröl hinzufügen, alles erwärmen und die frisch gekochten Nudeln darin schwenken.

SCHINKEN-GURKEN-SALSA

1 Kugel Mozzarella (125 g) | 150 g gekochter Schinken (in Scheiben) | 100 g Feldsalat | 1 Handvoll Basilikum | 1 Beet Kresse | 1 kleine Salatgurke | 4 EL Olivenöl | 2 – 3 EL Aceto balsamico bianco | 2 TL körniger Senf | 1 TL Sahnemeerrettich (aus dem Glas) | Salz | Pfeffer

Schnelles Highlight

Für 4 Personen | 20 Min. Zubereitung
Pro Portion ca. 320 kcal, 15 g EW, 28 g F, 2 g KH

1 Den Mozzarella abtropfen lassen und in feine Würfel schneiden. Den Schinken in Streifen schneiden. Den Feldsalat verlesen, gründlich waschen und trocken schleudern. Das Basilikum waschen und trocken schütteln, die Blätter abzupfen und in Streifen schneiden. Die Kresse vom Beet schneiden. Die Gurke schälen, halbieren und entkernen. Die Gurkenhälften in dünne Scheiben schneiden.

2 In einer Schüssel das Öl mit 2 EL Essig, Senf und Meerrettich verrühren. Feldsalat, Mozzarella, Schinken, Kräuter und Gurke untermischen. Alles mit Salz, Pfeffer und Essig abschmecken. Die Salsa mit frisch gekochten Nudeln (z. B. Penne, Farfalle oder Casarecce) mischen.

TIPP

Aus den Zutaten für diese Salsa bereite ich auch gerne einen Nudelsalat zu: Einfach von allen Zutaten (außer den Nudeln) die Menge verdoppeln und Schinken, Mozzarella und Gurke etwas gröber schneiden. Die Salsa mit abgekühlten Nudeln verrühren und den Salat vor dem Servieren etwas durchziehen lassen.

SPARGELSALSA

Ich kann es kaum erwarten, wenn im April endlich die Spargelsaison beginnt. Mit knoblauch-
würzigem Bärlauch bildet das Gemüse ein echtes Dream-Team!

3 Eier
400 g grüner Spargel
2 EL Zitronensaft | Salz
250 g Tomaten
1 Handvoll Bärlauchblätter
3 Frühlingszwiebeln
120 g Parmesan (am Stück)
60 g grüne oder schwarze
Oliven (ohne Stein)
3 EL Aceto balsamico bianco
2 TL Dijon-Senf
1 EL flüssiger Honig
4 EL Olivenöl
Pfeffer
1 EL helle Sesamsamen

Frühlingsfrisch 🌿

Für 4 Personen |
25 Min. Zubereitung
Pro Portion ca. 465 kcal,
19 g EW, 39 g F, 7 g KH

1 Die Eier in reichlich Wasser in 7 – 8 Min. hart kochen. Abgießen und kalt abschrecken. Inzwischen den Spargel waschen, nur im unteren Drittel schälen und schräg in dünne Scheiben schneiden. Die Spargelscheiben mit Zitronensaft beträufeln, mit Salz würzen, gut mischen und etwas ziehen lassen.

2 Die Tomaten waschen, halbieren und entkernen, dabei die Stielansätze entfernen. Die Tomatenhälften in schmale Spalten schneiden. Den Bärlauch waschen, trocken schütteln und in Streifen schneiden. Die Frühlingszwiebeln putzen, waschen und in Ringe schneiden. Den Parmesan mit dem Sparschäler in grobe Späne hobeln. Die Oliven halbieren. Eier pellen und grob würfeln.

3 Alle vorbereiteten Zutaten in einer Schüssel mischen. Essig, Senf und Honig verrühren, das Öl unterschlagen und unter die Salsa mischen. Die Spargelsalsa mit Salz und Pfeffer würzen.

4 Die Sesamsamen in einer Pfanne ohne Fett etwas anrösten und zur Salsa geben. Die Spargelsalsa mit frisch gekochten Nudeln (z. B. Orecchiette oder Penne) mischen.

TIPP   Außerhalb der Spargel- und Bärlauchsaison ersetze ich den Spargel durch 4 Stangen Staudensellerie oder 2 kleine Fenchelknollen und den Bärlauch durch 1 Bund Schnittlauch: Das Gemüse putzen, waschen und in dünne Scheiben schneiden, den Fenchel vorher jeweils längs vierteln. Schnittlauch waschen, trocken schütteln und in feine Röllchen schneiden. Wer es deftiger mag, ergänzt noch 100 g gewürfelte Salami.

LACHS-MANGO-SALSA

1 große, reife Mango | 200 g Räucherlachs | 200 g Cocktailtomaten | 1 Handvoll Basilikumblätter | 4 Frühlingzwiebeln | 1 Bio-Zitrone | 1 getrockneter Peperoncino (ersatzweise 1 Msp. Pul biber) | 4 EL Öl (z. B. Sonnenblumenöl) | 1 EL flüssiger Honig | Salz | Pfeffer

Leichtes für heiße Tage

Für 4 Personen | 20 Min. Zubereitung
Pro Portion ca. 320 kcal, 11 g EW, 26 g F, 11 g KH

1 Die Mango schälen, das Fruchtfleisch zuerst vom Stein und dann in kleine Würfel schneiden. Den Lachs ebenfalls in kleine Würfel schneiden. Die Tomaten waschen und vierteln. Die Basilikumblätter waschen, trocken schütteln und in Streifen schneiden. Die Frühlingszwiebeln putzen, waschen und in dünne Ringe schneiden. Alle vorbereiteten Zutaten in einer Schüssel mischen.

2 Die Zitrone heiß waschen und abtrocknen, die Schale abreiben und den Saft auspressen. Den Peperoncino zerbröseln. Zitronenschale, 2 EL Zitronensaft, Peperoncino, Öl und Honig zu den anderen Zutaten geben, alles gut mischen und zuletzt mit Salz und Pfeffer kräftig abschmecken. Die Salsa mit frisch gekochten Nudeln (z. B. Spaghetti oder Tagliatelle) mischen.

TIPP

Sie mögen es gerne asiatisch? Ich auch! Für einen Asia-Touch schmecke ich die Salsa zusätzlich mit 1 TL Zitronengraspaste, 1 TL geriebenem Ingwer und ½ TL gemahlener Kurkuma ab. Dazu gibt's asiatische Reisnudeln und als Deko fein gehacktes Koriandergrün.

GARNELENSALSA

1 Eigelb | 2 TL körniger Dijon-Senf | 1 TL Zucker |
2 Knoblauchzehen | 3 – 4 EL Zitronensaft |
5 EL Olivenöl | 4 EL saure Sahne | Salz | Pfeffer |
1 kleiner Radicchio | 4 Frühlingszwiebeln |
200 g in Öl eingelegte Artischockenherzen (aus
dem Glas) | 200 g geschälte, gegarte Garnelen |
200 g Cocktailtomaten

Raffiniert kombiniert

Für 4 Personen | 30 Min. Zubereitung
Pro Portion ca. 340 kcal, 9 g EW, 29 g F, 10 g KH

1 Das Eigelb in einer Schüssel mit dem Senf und
dem Zucker mit dem Schneebesen gründlich verrühren. Den Knoblauch schälen und dazupressen.
3 EL Zitronensaft unter die Eigelbmasse rühren und
das Öl gut unterschlagen. Die saure Sahne hinzufügen und gründlich verrühren. Zuletzt die Sauce
mit Salz, Pfeffer und Zitronensaft abschmecken.

2 Den Radicchio putzen und den harten Strunk
entfernen. Die Blätter ablösen, waschen, trocken
schleudern und in feine Streifen schneiden. Die
Frühlingszwiebeln putzen, waschen und in feine
Ringe schneiden. Die Artischockenherzen abtropfen lassen und klein schneiden. Die Garnelen klein
schneiden. Die Tomaten waschen und in Viertel
schneiden. Alle Zutaten mit der Sauce verrühren
und die Salsa ca. 10 Min. ziehen lassen.

3 Die Salsa zum Servieren mit Salz und Pfeffer
abschmecken und mit frisch gekochter Pasta
(z. B. Penne, Farfalle oder Spaghetti) mischen.

TIPP

Wenn es im Frühling endlich wieder frische
Kräuter gibt, rühre ich noch 1 EL gehackte Dill-
spitzen unter die Salsa.

AUS DER PFANNE

Warum ich das Braten in der Pfanne so liebe? Man braucht wenig Koch-
geschirr, das Braten geht schnell und erzeugt Röststoffe, die – egal ob Klassiker oder kreativer Newcomer – für ein ganz besonderes Aroma sorgen.

PASTA AL POLLO

2 Knoblauchzehen | 250 g Cocktailtomaten | 100 g Parmesan
oder Pecorino (am Stück) | 100 g Rucola | 4 Zweige Thymian |
400 g Hähnchenbrustfilet | 2 EL Olivenöl | 2 TL Honig |
4 EL Butter | Salz | Pfeffer | Aceto balsamico (nach Belieben)

Liebling der Saison

Für 4 Personen | 20 Min. Zubereitung
Pro Portion ca. 395 kcal, 31 g EW, 27 g F, 5 g KH

1 Den Knoblauch schälen und in feine Scheiben schneiden. Die
Tomaten waschen und halbieren. Den Parmesan mit dem Sparschäler in grobe Späne hobeln. Den Rucola verlesen, waschen,
trocken schleudern. Grobe Stiele entfernen und die Blätter nach
Belieben klein zupfen. Den Thymian waschen, trocken schütteln
und die Blättchen abzupfen. Das Hähnchenbrustfilet waschen,
trocken tupfen und in dünne Streifen schneiden.

2 Das Öl in einer Pfanne erhitzen und das Hähnchenfleisch darin anbraten. Nach 1 Min. Knoblauch, Tomaten, Thymian und Honig dazugeben und alles weiterbraten, bis das Hähnchenfleisch
knapp gar ist. Die Butter dazugeben und zerlassen. Den Rucola
und den Parmesan kurz darin schwenken und alles mit Salz und
Pfeffer abschmecken. Mit frisch gekochten Nudeln (z. B. Penne
oder Bucatini) mischen und auf Teller verteilen. Nach Geschmack
mit etwas Essig beträufeln.

KÜRBIS-HACKFLEISCH-PASTA

Hokkaido-Kürbis ist als Suppenzutat längst ein berühmter Küchenstar.
Ich mag ihn genauso gerne in dieser herzhaften Pastasauce.

2 Zwiebeln
600 g Hokkaido-Kürbis
100 g getrocknete, in Öl
eingelegte Tomaten
2 Zweige Rosmarin
3 EL Olivenöl
400 g Rinderhackfleisch
1 Knoblauchzehe
2 EL Kapern
2 TL Honig
1–2 EL Aceto balsamico
50 ml trockener Weißwein
(z. B. Riesling, ersatzweise
Brühe)
100 ml Gemüse- oder
Rinderbrühe
Salz | Pfeffer

Deftiger Herbstgenuss

Für 4 Personen |
30 Min. Zubereitung
Pro Portion ca. 530 kcal,
26 g EW, 42 g F, 9 g KH

1 Die Zwiebeln schälen und fein würfeln. Den Kürbis waschen und halbieren, den faserigen Teil und die Kerne entfernen. Das Kürbisfruchtfleisch in kleine Würfel schneiden. Die Tomaten abtropfen lassen und klein schneiden. Den Rosmarin waschen und trocken schütteln, die Nadeln abzupfen und fein hacken.

2 In einer großen Pfanne 2 EL Öl erhitzen und den Kürbis darin anbraten, bis er rundherum leicht gebräunt ist. Die Hälfte des Rosmarins dazugeben und kurz mitbraten. Herausnehmen und beiseitestellen. Restliches Öl in der Pfanne erhitzen und das Hackfleisch darin bei starker Hitze unter Rühren krümelig braten. Zwiebeln und restlichen Rosmarin dazugeben und mitbraten. Den Knoblauch schälen und dazupressen. Tomaten, Kapern und Kürbis hinzufügen und alles noch einige Minuten braten.

3 Honig und 1 EL Essig dazugeben und kurz karamellisieren lassen. Mit dem Wein ablöschen und kurz einköcheln lassen. Die Brühe hinzufügen und alles köcheln lassen, bis der Kürbis weich ist. Mit Salz, Pfeffer und Essig abschmecken. Mit frisch gekochten Nudeln (z. B. Mafaldine, Bucatini oder Tagliatelle) mischen.

VARIANTE KÜRBISPASTA MIT RUCOLA

600 g Hokkaido-Kürbis wie beschrieben vorbereiten. 1 rote Zwiebel schälen und würfeln, 100 g Rucola putzen. 3 EL Butter zerlassen, Kürbis darin bei schwacher Hitze mit Zwiebel und 50 g Mandelstiften ca. 8 Min. dünsten. Nach ca. 5 Min. mit je ½ TL gemahlenem Koriander und Kurkuma würzen. 1 EL Aceto balsamico dazugeben, salzen, pfeffern und den Rucola kurz darin schwenken. Gekochte Nudeln mit der Sauce und je 1 Klecks Ziegenfrischkäse anrichten.

ORIENTALISCHE AUBERGINENPASTA

100 g Rosinen | 2 Knoblauchzehen | 3 rote Zwiebeln | 1 Aubergine (ca. 400 g) | 5 EL Olivenöl | 1 EL Honig | 1–2 EL Weißweinessig | Salz | Pfeffer | 1 Msp. gemahlener Koriander | 1 Handvoll Minzeblätter | 100 g Schafskäse (Feta)

Mit Minze und Rosinen

Für 4 Personen | 35 Min. Zubereitung
Pro Portion ca. 390 kcal, 6 g EW, 30 g F, 23 g KH

1 Rosinen in etwas heißem Wasser ca. 10 Min. einweichen. Knoblauch schälen und in Scheiben schneiden. Zwiebeln schälen, in dicke Spalten schneiden und zerpflücken. Aubergine waschen, in dünne Scheiben schneiden und diese vierteln.

2 Jeweils 1 EL Öl in einer Pfanne erhitzen. Die Auberginenscheiben darin in vier Portionen von beiden Seiten braten, bis sie leicht gebräunt sind, und jeweils herausnehmen. Die Zwiebeln in der Pfanne im restlichen Öl anbraten. Rosinen abtropfen lassen, mit Knoblauch dazugeben und kurz mitbraten. Honig hinzufügen, leicht karamellisieren lassen und mit 1 EL Essig ablöschen. Auberginen wieder dazugeben, kurz in der Pfanne schwenken und alles mit Salz, Pfeffer und Koriander würzen.

3 Die Minze waschen, trocken schütteln und die Blätter nach Belieben etwas klein zupfen. Den Feta zerbröckeln. Auberginenmischung, Minze und Feta mit frisch gekochten Nudeln (z. B. Casarecce oder Penne) mischen und alles mit Salz, Pfeffer und Essig würzig abschmecken.

TIPP

Statt Feta nehme ich auch gerne Halloumi für dieses Gericht. Diesen würfeln, mit den Rosinen in die Pfanne geben und kurz mitbraten.

BUNTE GEMÜSEPASTA

1 kg gemischtes Frühlingsgemüse (z. B. Brokkoli, Blumenkohl, Spargel, Fenchel, Möhre, Zucchini) | 1 Bund Frühlingszwiebeln | 1 Handvoll Petersilienblätter | 4 eingelegte Sardellenfilets | 2 Knoblauchzehen | 4 TL körniger Senf | 4 TL Zucker | 4 EL Apfelessig | 5 EL Olivenöl | Salz | Pfeffer | 2 EL Crème fraîche | 1 Beet Kresse | 4 Bio-Zitronenspalten

Pasta alla primavera

Für 4 Personen | 25 Min. Zubereitung
Pro Portion ca. 340 kcal, 8 g EW, 28 g F, 13 g KH

1 Gemüse putzen, waschen bzw. schälen und in mundgerechte Stücke schneiden. Dann in einem Topf mit Dämpfeinsatz über kochendem Wasser in 5 – 7 Min. bissfest dämpfen. Frühlingszwiebeln putzen, waschen und in ca. 1 cm lange Stücke schneiden. Die Petersilie waschen und trocken schütteln.

2 Sardellenfilets fein zerdrücken. Knoblauch schälen und dazupressen. Mit Senf, Zucker, Essig und Öl verrühren. Mischung in einer Pfanne erhitzen und ca. 2 Min. köcheln lassen. Frühlingszwiebeln dazugeben und andünsten. Gemüse und Petersilie hinzufügen, alles in der Pfanne schwenken, bis das Gemüse heiß ist. Salzen und pfeffern.

3 Frisch gekochte Nudeln (z. B. Penne, Casarecce oder Tagliatelle) untermischen und auf Teller verteilen. Je 1 kleinen Klecks Crème fraîche auf die Gemüsepasta geben. Die Kresse vom Beet schneiden und darüberstreuen. Die Zitronenspalten zum Nachwürzen dazu reichen.

TIPP

Wenn es ein wenig würziger sein soll, verrühre ich die Crème fraîche noch mit 1 – 2 TL geriebenem Meerrettich (aus dem Glas).

PASTA GENOVESE

Pasta und Kartoffeln, das muss doch satt und glücklich machen! Deshalb verrate ich Ihnen meine ganz persönliche Lieblingsvariante des norditalienischen Nudel-Klassikers.

600 g festkochende Kartoffeln
400 g grüne Bohnen
Salz
2 Handvoll Basilikumblätter
2 Knoblauchzehen
4 EL Olivenöl
40 g Pinienkerne
80 g Parmesan (am Stück)
Pfeffer
4 Bio-Zitronenspalten

Familienpasta aus Ligurien 🌿

Für 4 Personen |
45 Min. Zubereitung
Pro Portion ca. 445 kcal,
14 g EW, 32 g F, 26 g KH

1 Die Kartoffeln schälen und in einem Topf knapp mit Wasser bedecken, aufkochen und bei schwacher Hitze in 20 – 25 Min. gar kochen. Inzwischen die Bohnen putzen, waschen und nach Belieben halbieren. In kochendem Salzwasser 10 – 15 Min. garen.

2 Währenddessen das Basilikum waschen und trocken schütteln. Den Knoblauch schälen und grob würfeln. Die Hälfte des Basilikums mit Knoblauch und Öl mit dem Pürierstab oder im Blitzhacker fein pürieren. Die Pinienkerne in einer Pfanne ohne Fett hellbraun rösten und wieder herausnehmen. Die Bohnen in ein Sieb abgießen, kalt abschrecken und abtropfen lassen. Die Kartoffeln abgießen, etwas ausdampfen lassen und noch heiß vierteln.

3 Den Parmesan mit dem Sparschäler in grobe Späne hobeln. Eine große Pfanne erhitzen. Kartoffeln, Bohnen, Pinienkerne und Basilikumöl hineingeben und schwenken, bis alles heiß ist. Mit Salz und Pfeffer würzen.

4 Frisch gekochte Nudeln (z. B. Spaghetti oder Linguine) unter die Kartoffel-Bohnen-Pfanne mischen und kurz darin schwenken. Mit Salz und Pfeffer abschmecken. Übriges Basilikum unterheben und die Pasta auf Teller verteilen. Je 1 Zitronenspalte zum Nachwürzen dazulegen und die Pasta zuletzt mit Parmesan bestreuen.

TIPP   Wenn es mal schnell gehen muss, bereite ich die Pasta genovese mit gekochten Kartoffeln vom Vortag zu. Und statt grüner Bohnen verwende ich dann Cannellini-Bohnen aus der Dose: Einfach 1 Dose Bohnen (Abtropfgewicht ca. 240 g) in ein Sieb abgießen, abbrausen und abtropfen lassen. Ansonsten die Pasta wie oben beschrieben zubereiten.

SALBEI-NUSS-BUTTER

4 Knoblauchzehen | 1 Bund Salbei | 1 Bund Frühlingszwiebeln | 150 g Walnusskerne | 120 g Parmesan oder Pecorino (am Stück) | 100 g Butter | Salz | Pfeffer

Unwiderstehlich gut

Für 4 Personen | 15 Min. Zubereitung
Pro Portion ca. 575 kcal, 18 g EW, 52 g F, 8 g KH

1 Den Knoblauch schälen und in dünne Scheiben schneiden. Den Salbei waschen und trocken schütteln, die Blätter abzupfen und nach Belieben etwas klein zupfen. Die Frühlingszwiebeln putzen, waschen und in Ringe schneiden. Die Walnüsse grob hacken. Den Käse zerbröckeln oder mit dem Sparschäler in grobe Späne hobeln.

2 Die Butter in einer Pfanne zerlassen und Salbei, Frühlingszwiebeln, Knoblauch und Nüsse darin andünsten. Salzen und pfeffern. Mit frisch gekochten Nudeln (z. B. Spaghetti, Farfalle oder vegetarischen Ravioli) und Parmesan mischen und alles kurz in der Pfanne schwenken. Zum Servieren nochmals mit Salz und Pfeffer abschmecken.

LACHS IN ORANGENBUTTER

450 g Lachsfilet (ohne Haut) | 1 Stange Lauch | 1 Knoblauchzehe | 1 Handvoll Kräuterblätter (z. B. Dill, Minze, Petersilie) | je 1 Bio-Orange und -Zitrone | 150 g Butter | Salz | Pfeffer | Honig

Einfach beeindruckend

Für 4 Personen | 30 Min. Zubereitung
Pro Portion ca. 560 kcal, 25 g EW, 49 g F, 5 g KH

1 Den Lachs waschen, mit Küchenpapier trocken tupfen und würfeln. Den Lauch putzen, längs aufschneiden, gründlich waschen und in feine Ringe schneiden. Knoblauch schälen und würfeln. Kräuter waschen, trocken schütteln und fein hacken. Orange und Zitrone heiß waschen und abtrocknen, die Schale abreiben, den Saft auspressen.

2 50 g Butter zerlassen, Lauch darin ca. 4 Min. dünsten. Dann Lachs und Knoblauch kurz mitdünsten. Zitrusschalen und -saft dazugeben und alles dünsten, bis der Lachs innen leicht glasig ist. Kräuter und übrige Butter hinzufügen, Butter schmelzen lassen. Mit Salz, Pfeffer und Honig würzen. Mit gekochten Nudeln (z. B. Radiatori) mischen.

FLUSSKREBSE IN SAFRANBUTTER

500 g weißer Spargel (ersatzweise Fenchel) |
1 rote Zwiebel | 1 Knoblauchzehe | 100 g Butter |
1 Döschen Safranfäden (0,1 g) | 1 Streifen Bio-
Zitronenschale | 2 TL Honig | 1 EL Aceto balsa-
mico bianco | 200 g geschälte, gegarte Fluss-
krebsschwänze | Salz | Pfeffer

Für Feierabend-Gourmets

Für 4 Personen | 20 Min. Zubereitung
Pro Portion ca. 250 kcal, 10 g EW, 21 g F, 4 g KH

1 Den Spargel putzen, schälen und in 3 – 5 cm
lange Stücke schneiden. Alternativ Fenchel putzen,
waschen und in ebenso große Stücke schneiden.
In einem Topf mit Dämpfeinsatz über kochendem
Wasser in 5 – 7 Min. bissfest dämpfen. Inzwischen
Zwiebel und Knoblauch schälen und fein würfeln.

2 Butter zerlassen, Zwiebel darin mit Safran und
Zitronenschale andünsten. Honig, Essig, Spargel
bzw. Fenchel und Knoblauch hinzufügen und mitdünsten. Flusskrebsschwänze kurz mitschwenken.
Zitronenschale entfernen, salzen, pfeffern und gekochte Nudeln (z. B. Spaghettini) untermischen.

FILETS IN TRÜFFELBUTTER

2 Zweige Rosmarin | 2 Knoblauchzehen |
1 Bund Frühlingszwiebeln | 500 g Kalbs- oder
Schweinefilet | 1 EL Olivenöl | 3 EL Butter |
4 TL Trüffelbutter (Fertigprodukt) | Salz |
Pfeffer | 100 g Parmesan (am Stück)

Macht was her

Für 4 Personen | 15 Min. Zubereitung
Pro Portion ca. 365 kcal, 37 g EW, 23 g F, 3 g KH

1 Rosmarin waschen und trocken schütteln, Nadeln abzupfen und fein hacken. Knoblauch schälen
und in dünne Scheiben schneiden. Frühlingszwiebeln putzen, waschen und in ca. 1 cm lange Stücke
schneiden. Das Filet in Streifen schneiden.

2 Öl in einer Pfanne erhitzen und die Filetstreifen
darin rundherum anbraten. Rosmarin, Knoblauch
und Zwiebeln dazugeben und kurz weiterbraten.
Butter und Trüffelbutter bei schwacher Hitze dazugeben und schmelzen lassen. Mit Salz und Pfeffer
würzen. Frisch gekochte Nudeln (z. B. Rigatoni, Ravioli mit Ricottafüllung) untermischen und auf Teller verteilen. Parmesan grob darüberhobeln.

PASTA ALLA MAROCCHINA

Die arabischen Einflüsse in der sizilianischen Küche haben mich dazu inspiriert,
Pasta einmal »auf marokkanische Art« zu servieren.

1 Dose Kichererbsen
(Abtropfgewicht 265 g)
1 Dose Aprikosenhälften
(Abtropfgewicht 240 g)
1 rote Zwiebel
2 Knoblauchzehen
4 Merguez (würzige Lamm-
bratwürstchen, ersatzweise
2 Salsicce oder grobe
Bratwürstchen)
1 Bio-Zitrone
2 EL Olivenöl
1 EL Honig
1 TL Ras-el-Hanout
100 g halb getrocknete
Tomaten (siehe Tipp)
Salz | Pfeffer
100 g Schafskäse
(Feta, nach Belieben)

Deftiges Crossover

Für 4 Personen |
25 Min. Zubereitung
Pro Portion ca. 605 kcal,
26 g EW, 30 g F, 55 g KH

1 Die Kichererbsen in ein Sieb abgießen, abbrausen und abtropfen lassen. Die Aprikosen ebenfalls abtropfen lassen und in Spalten schneiden. Die Zwiebel und den Knoblauch schälen, die Zwiebel fein würfeln, den Knoblauch in dünne Scheiben schneiden. Die Merguez aus den Häuten drücken und die Masse zu kleinen Bällchen rollen. Die Zitrone heiß waschen und abtrocknen.

2 Das Öl in einer großen Pfanne erhitzen. Fleischbällchen, Zwiebel und Kichererbsen darin ca. 5 Min. anbraten. Honig dazugeben und leicht karamellisieren lassen. Ras-el-Hanout, Knoblauch, Aprikosen und Tomaten unterrühren. Die Zitronenschale dazureiben und alles noch ca. 3 Min. weiterbraten. Die Zitrone vierteln.

3 Die Sauce mit Salz und Pfeffer würzen. Frisch gekochte Nudeln (z. B. Spaghetti, Orecchiette oder Rigatoni) untermischen und die Pasta auf Teller verteilen. Nach Belieben den Feta zerbröckeln und darüberstreuen. Die Zitronenviertel zum Nachwürzen dazulegen.

TIPP

Die halb getrockneten Tomaten mache ich am liebsten selbst: Dafür 500 g Cocktailtomaten waschen, trocken tupfen und halbieren. Mit der Schnittfläche nach oben auf ein mit Backpapier ausgelegtes Blech legen. 2 EL flüssigen Honig, 4 EL Olivenöl und ½ TL Salz verrühren. 2 Knoblauchzehen schälen und dazupressen, 2 TL getrocknete ital. Kräuter unterrühren. Die Tomaten mit der Ölmischung bestreichen. Im Backofen (Mitte, Umluft 80°) bei leicht geöffneter Ofentür 2 – 3 Std. bis zur gewünschten Konsistenz trocknen. Zur Aufbewahrung (max. 2 Wochen!) in saubere Schraubgläser füllen, mit Olivenöl bedecken und gut verschließen.

PAPRIKA-TOMATEN-PASTA

2 Zwiebeln | 3 Knoblauchzehen | 2 gelbe
Paprikaschoten | 150 g Frühstücksspeck
(in Scheiben) | 2 Handvoll Basilikumblätter |
300 g Cocktailtomaten | 80 g Parmesan
(am Stück) | 2 getrocknete Peperoncini (ersatz-
weise 1 Msp. Pul biber oder Cayennepfeffer) |
4 EL Olivenöl | 1 EL Zucker | 2 EL Kapernäpfel |
2 – 3 EL Aceto balsamico bianco | Salz | Pfeffer

Heißer Favorit

Für 4 Personen | 25 Min. Zubereitung
Pro Portion ca. 430 kcal, 21 g EW, 34 g F, 10 g KH

1 Die Zwiebeln und den Knoblauch schälen, die
Zwiebeln in schmale Spalten, den Knoblauch in
dünne Scheiben schneiden. Die Paprikaschoten
längs halbieren, entkernen, waschen und in
ca. 3 cm lange Rauten schneiden. Den Speck in
ca. 5 cm lange Stücke schneiden. Das Basilikum
waschen und trocken schütteln. Die Tomaten waschen und halbieren. Den Käse grob hobeln, die
Peperoncini grob zerbröseln.

2 In einer großen Pfanne 2 EL Öl erhitzen und die
Paprikastücke darin braten, bis sie leicht gebräunt
und knapp gar sind. Dann herausnehmen. Den
Speck in der Pfanne knusprig braun braten und
ebenfalls wieder herausnehmen. Die Tomaten im
restlichen Öl anbraten, den Zucker dazugeben und
leicht karamellisieren lassen.

3 Zwiebeln, Knoblauch, Kapern und Peperoncini
dazugeben und noch ca. 2 Min. mitbraten. Papri-
karauten, Speck und Basilikum hinzufügen, mit
2 EL Essig ablöschen und mit Salz, Pfeffer und
Essig abschmecken. Mit frisch gekochten Nudeln
(z. B. Muscheln, Bucatini oder Penne) mischen, auf
Teller verteilen und den Käse darüberstreuen.

ZUCCHINI-TOMATEN-PASTA

2 rote Zwiebeln | 3 Knoblauchzehen | 2 Hand-
voll Petersilienblätter | 150 g Frühstücksspeck
(in Scheiben) | 400 g Zucchini | 80 g Parmesan
oder Pecorino (am Stück) | 2 Bio-Zitronen |
2 EL Olivenöl | 150 g halb getrocknete Tomaten
(siehe Tipp S. 30) | Salz | Pfeffer

Echter Augenschmaus

Für 4 Personen | 20 Min. Zubereitung
Pro Portion ca. 495 kcal, 21 g EW, 43 g F, 6 g KH

1 Die Zwiebeln und den Knoblauch schälen, die
Zwiebeln in schmale Spalten, den Knoblauch
in dünne Scheiben schneiden. Petersilie waschen
und trocken schütteln. Den Speck in ca. 5 cm lange
Stücke schneiden. Die Zucchini putzen und waschen, zuerst in ca. 5 cm lange Stücke und dann in
dicke Spalten schneiden. Den Käse grob hobeln.
Die Zitronen heiß waschen und abtrocknen, die

Hälfte der Schale dünn abschälen und in schmale
Streifen schneiden oder mit dem Zestenreißer in
schmalen Streifen abziehen.

2 Das Öl in einer großen Pfanne erhitzen und die
Zucchinispalten darin anbraten, bis sie leicht gebräunt sind. Herausnehmen und die Speckstreifen
in der Pfanne knusprig braun braten. Ebenfalls aus
der Pfanne nehmen. Dann die Zwiebeln in der
Pfanne anbraten, Knoblauch, Petersilie, Zitronenschale und Tomaten dazugeben und alles noch
kurz mitbraten.

3 Mit frisch gekochten Nudeln (z. B. Penne, Bucatini oder Spaghetti), den Zucchini und dem Speck
mischen. Alles kurz in der Pfanne schwenken und
mit Salz und Pfeffer abschmecken. Auf Teller verteilen, den Käse darüberstreuen und etwas Pfeffer
grob darübermahlen.

HEISS GELIEBT

Was lässt mein Pastafan-Herz höherschlagen? Samtige Sahne-, cremige Käse-
und luftig-leichte Schaumsaucen! Auch Spaghetti, Penne & Co. können es kaum
erwarten, von diesen Saucen umschmeichelt zu werden.

LACHS-FRISCHKÄSE-SAUCE

500 g Brokkoli | 2 Knoblauchzehen | 1 Bio-Zitrone | 1 Bund
Schnittlauch | 500 g Lachsfilet (ohne Haut) | 200 g Frisch-
käse | 100 ml Gemüsefond (aus dem Glas) | Salz | Pfeffer

Zitronig-frisch

Für 4 Personen | 25 Min. Zubereitung
Pro Portion ca. 345 kcal, 34 g EW, 21 g F, 5 g KH

1 Den Brokkoli in große Röschen teilen und diese in dicke
Scheiben schneiden. Den Strunk schälen und ebenfalls in Scheiben schneiden. Alles waschen und in einem Topf mit Dämpfeinsatz über kochendem Wasser in ca. 5 Min. bissfest dämpfen.
In ein Sieb abgießen, kalt abschrecken und abtropfen lassen.

2 Knoblauch schälen und fein würfeln. Zitrone heiß waschen,
abtrocknen und die Schale abreiben. Schnittlauch waschen, trocken schütteln und in feine Röllchen schneiden. Lachs waschen,
mit Küchenpapier trocken tupfen und in Stücke schneiden.

3 Frischkäse, Fond und Knoblauch in einer Pfanne erhitzen und
dabei alles glatt rühren. Brokkoli, Fisch und Zitronenschale dazugeben und den Fisch bei schwacher Hitze knapp gar ziehen
lassen. Mit Salz und Pfeffer würzen. Frisch gekochte Nudeln (z. B.
Tagliatelle oder Farfalle) auf Teller verteilen und die Sauce darauf
anrichten. Schnittlauch darüberstreuen. Die abgeriebene Zitrone
vierteln und die Viertel zum Nachwürzen dazuservieren.

STEINPILZSAUCE

40 g getrocknete Steinpilze | 1 Zwiebel | 1 Zweig Rosmarin | 100 g getrocknete, in Öl eingelegte Tomaten | 1 EL Öl | 2 TL Zucker | 1 Schuss Weinbrand (nach Belieben) | 200 ml Gemüsebrühe | 200 g Sahne | Salz | Pfeffer | Aceto balsamico

Mit italienischer Note

Für 4 Personen | 20 Min. Zubereitung |
1 Std. Einweichen
Pro Portion ca. 345 kcal, 5 g EW, 33 g F, 5 g KH

1 Die getrockneten Pilze unter fließendem Wasser gründlich waschen und in einer Schüssel mit ¼ l Wasser ca. 1 Std. einweichen. Inzwischen die Zwiebel schälen und in feine Würfel schneiden. Den Rosmarinzweig waschen und trocken schütteln, die Nadeln abzupfen und fein hacken. Die getrockneten Tomaten abtropfen lassen und ebenfalls in feine Würfel schneiden.

2 Das Öl in einer Pfanne erhitzen und die Zwiebel mit Rosmarin und Zucker darin andünsten. Nach Belieben mit dem Weinbrand ablöschen. Die Tomaten und die Pilze samt Einweichflüssigkeit dazugeben, alles aufkochen und die Flüssigkeit fast vollständig verkochen lassen.

3 Brühe und Sahne dazugeben, aufkochen und noch ca. 5 Min. einkochen lassen. Mit Salz, Pfeffer und Essig abschmecken. Mit frisch gekochten Nudeln (z. B. Tagliatelle oder Casarecce) mischen.

TIPP

Dazu liebe ich karamellisierte Walnüsse: Dafür 3 EL Zucker leicht karamellisieren. 80 g gehackte Walnusskerne, 1 Prise Salz und 2 TL gehackten Rosmarin unterrühren, auf einem mit Backpapier ausgelegten Backblech abkühlen lassen. Grob gehackt über die Nudeln geben.

PFIFFERLINGSAUCE

1 Zwiebel | 1 Knoblauchzehe | 1 Zweig Rosmarin | 300 g Pfifferlinge | 1 TL schwarze Pfefferkörner (nach Belieben auch Szechuanpfeffer oder eingelegte grüne Pfefferkörner) | 50 g luftgetrockneter Schinken (in Scheiben) | 2 EL Olivenöl | 2 TL Zucker | Zimtpulver | 300 ml Gemüsebrühe | 2 TL Speisestärke | 100 g Crème fraîche | Salz | Pfeffer | ca. 1 EL Aceto balsamico

Mit einem Hauch Zimt

Für 4 Personen | 20 Min. Zubereitung
Pro Portion ca. 240 kcal, 6 g EW, 22 g F, 5 g KH

1 Die Zwiebel und den Knoblauch schälen und fein würfeln. Den Rosmarin waschen und trocken schütteln, die Nadeln abzupfen und fein hacken. Die Pilze putzen und trocken abreiben, große Exemplare halbieren. Den Pfeffer im Mörser zerstoßen. Den Schinken in feine Streifen schneiden.

2 Das Öl in einer Pfanne erhitzen. Pilze, Zwiebel, Rosmarin und Schinken darin andünsten. Pfeffer, Knoblauch, Zucker und 1 Prise Zimt dazugeben, kurz mitdünsten. Brühe angießen, alles aufkochen.

3 Die Stärke mit etwas kaltem Wasser verrühren, dazugießen und die Sauce köcheln lassen, bis sie leicht bindet. Die Crème fraîche unterrühren. Die Sauce mit Salz, Pfeffer und Essig abschmecken. Frisch gekochte Nudeln (z. B. Tagliatelle, Bucatini oder Spätzle) auf Teller verteilen und die Sauce darauf anrichten.

TIPP

Pfifferlinge haben hierzulande von Juni bis November Saison. Frische Pilze schmecken mit Abstand am besten. Ein guter Ersatz sind getrocknete Pfifferlinge, wohingegen ich Pilze aus dem Glas weniger empfehlen kann.

KICHERERBSENSAUCE MIT RINDERFILET

Salbei, Kurkuma, Koriander und Peperoncini: Diese würzige Sauce ist auf jeden Fall für eine (Geschmacks-) Überraschung gut. Perfekt, um Gäste zu verblüffen und zu verwöhnen!

1 Zwiebel
1 Knoblauchzehe
150 g rote Spitzpaprika-
schoten
1 Dose Kichererbsen
(Abtropfgewicht 265 g)
1 Handvoll Salbeiblätter
2 EL Olivenöl
2 Rinderfilets (à ca. 200 g)
4 TL Zucker
1 TL gemahlene Kurkuma
1 TL gemahlener Koriander
1 – 2 getrocknete Peperoncini
(ersatzweise 1 Msp. Pul biber
oder Cayennepfeffer)
½ l Gemüsebrühe
2 TL Speisestärke
1 Bio-Zitrone
100 g Crème fraîche
Salz | Pfeffer

Pasta de luxe

Für 4 Personen |
35 Min. Zubereitung
Pro Portion ca. 485 kcal,
24 g EW, 26 g F, 37 g KH

1 Die Zwiebel und den Knoblauch schälen und fein würfeln. Die Paprikaschoten längs halbieren, entkernen, waschen und in Streifen schneiden. Die Kichererbsen in ein Sieb abgießen, abbrausen und abtropfen lassen. Den Salbei waschen, trocken schütteln und in feine Streifen schneiden.

2 In einer großen Pfanne 1 EL Öl erhitzen und die Rinderfilets darin von allen Seiten anbraten, bis sie leicht gebräunt sind. Wieder herausnehmen und warm halten.

3 Die Zwiebel im restlichen Öl anbraten. Paprikastreifen und Kichererbsen dazugeben und mitbraten. Salbei und Knoblauch hinzufügen und kurz in der Pfanne schwenken. Alles beiseiteschieben und den Zucker in der Pfannenmitte leicht karamellisieren lassen. Kurkuma und Koriander dazugeben, die Peperoncini dazubröseln, alles verrühren. Die Brühe angießen und aufkochen.

4 Die Stärke mit etwas kaltem Wasser verrühren, dazugießen und alles ca. 5 Min. köcheln lassen, bis die Sauce leicht bindet.

5 Die Zitrone heiß waschen und abtrocknen, die Schale abreiben und den Saft auspressen. Die Crème fraîche und die Zitronenschale unter die Sauce rühren. Kurz ziehen lassen und alles mit Salz, Pfeffer und Zitronensaft abschmecken.

6 Das Rindfleisch in dünne Scheiben schneiden und nach Belieben in der Sauce noch knapp gar ziehen lassen. Frisch gekochte Nudeln (z. B. Fusilli, Penne oder Tortiglioni) auf Teller verteilen und die Kichererbsensauce mit dem Rinderfilet darauf anrichten.

PASTA TRE COLORI

500 g grüner Spargel | 2 Knoblauchzehen | 3 Frühlingszwiebeln | 250 g Cocktailtomaten | 2 EL Olivenöl | 1 EL flüssiger Honig | 150 g Mascarpone | 150 ml Gemüsebrühe | Salz | Pfeffer | Limettensaft

Schnelles Highlight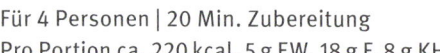

Für 4 Personen | 20 Min. Zubereitung
Pro Portion ca. 220 kcal, 5 g EW, 18 g F, 8 g KH

1 Den Spargel waschen, nur im unteren Drittel schälen und in ca. 4 cm lange Stücke schneiden. In einem Topf mit Dämpfeinsatz über kochendem Wasser ca. 4 Min. dämpfen.

2 Inzwischen den Knoblauch schälen und fein würfeln. Die Frühlingszwiebeln putzen, waschen und in ca. 1 cm lange Stücke schneiden. Die Tomaten waschen und halbieren. Den Spargel in ein

Sieb abgießen, kalt abschrecken und abtropfen lassen. In einer Pfanne das Öl erhitzen, Tomaten, Spargel und Knoblauch darin mit dem Honig ca. 3 Min. andünsten. Die Frühlingszwiebeln dazugeben und kurz mitdünsten.

3 Mascarpone und Brühe in die Pfanne geben, alles glatt rühren, aufkochen und dann ca. 2 Min. köcheln lassen. Die Sauce mit Salz, Pfeffer und Limettensaft abschmecken und mit frisch gekochten Nudeln (z. B. Spaghetti, Fusilli oder Penne) mischen. Nach Belieben Pfeffer grob darübermahlen.

TIPP

Wer kräftigen Käse dem sehr milden Mascarpone vorzieht, kann 50 oder 100 g Mascarpone durch die gleiche Menge Gorgonzola ersetzen.

PASTA QUATTRO FORMAGGI

1 rote Zwiebel | 2 Knoblauchzehen | 2 Stiele Salbei | 3 EL Butter | 1 EL Mehl | 300 ml Milch | 40 g Parmesan (am Stück) | 100 g Greyerzer (am Stück) | 60 g Gorgonzola | 50 g Frischkäse | frisch geriebene Muskatnuss | Salz | Pfeffer | Zucker | Rotweinessig

Klassiker auf neue Art

Für 4 Personen | 20 Min. Zubereitung
Pro Portion ca. 335 kcal, 18 g EW, 25 g F, 8 g KH

1 Zwiebel und Knoblauch schälen und in feine Würfel schneiden. Salbei waschen und trocken schütteln, die Blätter abzupfen und fein hacken. Die Butter in einem kleinen Topf zerlassen, Zwiebel, Knoblauch und Salbei darin anbraten. Das Mehl darüberstäuben und kurz mit anschwitzen. Nach und nach die Milch unter Rühren dazugießen und die Sauce ca. 8 Min. einköcheln lassen.

2 Inzwischen den Parmesan und den Greyerzer reiben. Den Gorgonzola klein schneiden. Die vorbereiteten Käsesorten bei schwacher Hitze mit dem Frischkäse unter Rühren in der Mehlschwitze schmelzen lassen. Mit Muskatnuss würzen und mit Salz, Pfeffer, 1 Prise Zucker und einigen Tropfen Essig abschmecken. Nach Belieben noch etwas Milch dazugießen. Frisch gekochte Nudeln (z. B. Tagliatelle, Penne, Tortellini oder Spätzle) auf Teller verteilen und die Sauce darübergießen. Nach Belieben Pfeffer grob darübermahlen.

TIPP

Je nach Lust und Vorrat variiere ich die Käsesorten beliebig. Mag ich es beispielsweise herzhaft, ersetze ich den Greyerzer durch Appenzeller oder den Gorgonzola durch Roquefort. Mag ich es milder, dann verwende ich Emmentaler oder Taleggio.

MANGOLD-KASTANIEN-PASTA

Ich finde, im Herbst darf es ruhig einmal etwas deftiger zugehen. Weil ich dabei trotzdem Wert auf Raffinesse lege, ist dies eines meiner Lieblingsrezepte.

2 Schalotten
2 Knoblauchzehen
200 g Mangold
100 g gegarte Maronen (Ess-
kastanien, vakuumverpackt)
1 Zweig Rosmarin
3 EL Butter
50 g Schinkenspeck
(in Würfeln)
1 Schuss trockener Weißwein
(nach Belieben)
150 ml Gemüsebrühe
2 EL Zucker
200 g Sahne
Salz | Pfeffer
Aceto balsamico bianco

Zum Gäste-Verwöhnen

Für 4 Personen |
25 Min. Zubereitung
Pro Portion ca. 315 kcal,
6 g EW, 24 g F, 19 g KH

1 Schalotten und Knoblauch schälen und fein würfeln. Mangold-stiele und -blätter trennen, beides waschen und trocken schleu-dern. Stiele und Blätter in Streifen schneiden (Bild 1). Die Maronen vierteln. Den Rosmarin waschen und trocken schütteln.

2 In einer Pfanne 2 EL Butter zerlassen, Mangoldstiele, Schalot-ten, Knoblauch und Speck darin bei mittlerer Hitze ca. 5 Min. an-dünsten. Nach Belieben mit Wein ablöschen und etwas einkochen lassen. Mangoldblätter und Brühe dazugeben (Bild 2), alles aufko-chen und köcheln lassen, bis die Blätter zusammengefallen sind.

3 Den Zucker in einem Topf karamellisieren. Die übrige Butter dazugeben und aufschäumen lassen. Die Maronen hinzufügen und unter Rühren karamellisieren, den Rosmarin dazugeben (Bild 3). Die Sahne zum Mangoldgemüse geben und alles kurz ko-chen lassen. Die Sauce mit Salz, Pfeffer und Essig abschmecken und mit gekochten Nudeln (z. B. Tagliatelle) mischen. Auf Tellern mit den Maronen anrichten.

VARIANTE PASTA ALLA BOSCAIOLA

Die Pasta »nach Holzfällerart« verfeinere ich auch mit Man-gold: Dafür Schalotten, Knoblauch und 100 g Mangold wie beschrieben vorbereiten. 250 g gemischte Pilze (z. B. Stein-pilze, Pfifferlinge, Kräuterseitlinge) putzen, trocken abreiben und klein schneiden. Die Pilze wie in Schritt 2 beschrieben mit den restlichen Zutaten andünsten. Die Sahne dazugeben und kurz kochen lassen. Die Sauce mit Salz, Pfeffer und etwas Essig abschmecken. Gekochte Nudeln (z. B. Penne) mit der Sauce mischen und auf Teller verteilen. Nach Belieben mit geriebenem Pecorino bestreuen.

BASILIKUM-ZIEGENKÄSE-SCHAUM

2 Handvoll Basilikumblätter | ½ Zwiebel |
1 Wacholderbeere | 5 schwarze Pfefferkörner |
300 ml Gemüsebrühe | 2 – 3 TL Zucker | 1 Bund
Frühlingszwiebeln | 250 g Cocktailtomaten |
1 EL Olivenöl | 1 EL flüssiger Honig | Salz | Pfef-
fer | Aceto balsamico bianco | 150 g milder
Ziegenfrischkäse

Fein aufgemixt 🌿

Für 4 Personen | 25 Min. Zubereitung
Pro Portion ca. 200 kcal, 8 g EW, 14 g F, 9 g KH

1 Basilikum waschen und trocken schütteln. Die
Zwiebel schälen und fein würfeln. Wacholderbeere
und Pfefferkörner im Mörser grob zerstoßen.

2 Die Brühe, 2 TL Zucker, die Zwiebel und die zer-
stoßenen Gewürze in einem Topf zum Kochen bringen und alles auf ca. 150 ml einkochen lassen. Inzwischen die Frühlingszwiebeln putzen, waschen
und in ca. 1 cm lange Stücke schneiden. Die Tomaten waschen und halbieren.

3 Das Öl in einer Pfanne erhitzen, Frühlingszwiebeln, Tomaten und Honig darin ca. 3 Min. anbraten.
Die Hälfte des Basilikums dazugeben, mit Salz,
Pfeffer und Essig würzen, beiseitestellen und warm
halten. Den eingekochten Sud durch ein mit einem
sauberen Küchentuch ausgelegtes Sieb gießen
und zurück in den Topf geben. Frischkäse unterrühren und erhitzen. Übriges Basilikum hinzufügen, alles mit dem Pürierstab schaumig mixen
und mit Salz, Pfeffer und Essig abschmecken.

4 Frisch gekochte Nudeln (z. B. Spaghetti, Ravioli)
auf Teller verteilen. Basilikumschaum darüber-
schöpfen und zwischendurch immer wieder auf-
mixen. Zuletzt die Tomaten darauf anrichten.

ZUCCHINI-ZIEGENKÄSE-SAUCE

400 g Zucchini | 1 große rote Zwiebel | 1 Knoblauchzehe | 2 EL Olivenöl | 50 g Schinkenspeck (in Würfeln) | 2 TL Zucker | 200 ml Gemüsebrühe | 150 g milder Ziegenfrischkäse | Salz | Pfeffer | etwas Rotweinessig | einige Minzeblätter oder Dillspitzen (nach Belieben)

Richtig herzhaft

Für 4 Personen | 20 Min. Zubereitung
Pro Portion ca. 245 kcal, 10 g EW, 20 g F, 5 g KH

1 Die Zucchini putzen, waschen und in feine Würfel schneiden. Die Zwiebel und die Knoblauchzehe schälen und fein würfeln.

2 Das Öl in einer Pfanne erhitzen, die Zucchiniwürfel darin rundherum anbraten und wieder herausnehmen. Die Zwiebel in der Pfanne im übrigen Öl anbraten. Die Schinkenspeckwürfel und den Knoblauch hinzufügen und mitbraten. Den Zucker dazugeben und leicht karamellisieren lassen. Alles mit der Brühe ablöschen, den Ziegenfrischkäse unterrühren und kurz köcheln lassen.

3 Zuletzt die Zucchini hinzufügen und kurz mitdünsten. Die Sauce mit Salz, Pfeffer und etwas Essig abschmecken. Frisch gekochte Nudeln (z. B. Farfalle, Spaghetti oder Tagliatelle) auf Teller verteilen und die Sauce daraufgeben. Nach Belieben mit Minzeblättern oder Dill garnieren.

TIPP

Anstelle von Zucchini bereite ich diese cremige Sauce auch gerne mit Schmorgurken zu. Die Gurken sollten aber vor der Verarbeitung geschält und entkernt werden. Wer eine mildere Sauce bevorzugt, verwendet einfach Frischkäse aus Kuhmilch.

SANFT GESCHMORT

Ich mag lange geschmorte Saucen, denn sie sind wunderbar aromatisch. Manchmal reicht aber auch schon ein halbes Stündchen oder weniger, um aus allerlei Zutaten einen aromatischen Saucentraum zu zaubern – diese Salsiccia-Fenchel-Sauce ist der beste Beweis.

SALSICCIA-FENCHEL-SAUCE

300 g Zucchini | 300 g Fenchel | 1 Zwiebel | 2 Knoblauchze-
hen | 300 g Salsiccia (ital. Bratwürste, ersatzweise grobe
Bratwürste) | 2 EL Olivenöl | 1 EL Zucker | 100 ml trockener
Weißwein (ersatzweise Brühe) | 200 ml Gemüsebrühe |
2 Stiele Dill | 100 g Sahne | Salz | Pfeffer | Aceto balsamico

Italien lässt grüßen

Für 4 Personen | 20 Min. Zubereitung
Pro Portion ca. 490 kcal, 14 g EW, 42 g F, 9 g KH

1 Zucchini und Fenchel putzen und waschen. Zucchini längs
vierteln und in Scheiben schneiden, Fenchel würfeln. Zwiebel
und Knoblauch schälen und fein würfeln. Die Würste aus den
Häuten drücken und in kleine Portionen teilen.

2 In einer Pfanne 1 EL Öl erhitzen, Zucchini anbraten und wieder
herausnehmen. Im restlichen Öl Wurst, Fenchel und Zwiebel anbraten. Knoblauch hinzufügen und kurz mitbraten. Zucker in die
Pfanne geben, karamellisieren lassen und mit dem Wein ablöschen. Kurz einkochen lassen, dann die Brühe dazugießen und
alles zugedeckt ca. 8 Min. schmoren.

3 Dill waschen und trocken schütteln, die Spitzen abzupfen und
fein hacken. Sahne und Dill unter die Sauce mischen. Zucchini-
scheiben dazugeben, alles mit Salz, Pfeffer und Essig abschmecken. Mit frisch gekochten Nudeln (z. B. Fusilli) servieren.

BOLOGNESE ORIENTALE

Momentan liebe ich die Orientküche. Daher habe ich dem Saucenklassiker aus Nord-italien kurzerhand eine Reise ins Morgenland verordnet.

1 Zwiebel
2 Knoblauchzehen
150 g Möhren
150 g Knollensellerie
3 – 4 getrocknete Feigen
2 EL Butterschmalz
500 g Lamm- oder Rinder-hackfleisch
40 g Pinienkerne | 1 EL Zucker
2 EL Tomatenmark
je 1 TL gemahlener Koriander und Kreuzkümmel
1 Prise Zimtpulver
2 Lorbeerblätter
800 ml Lammfond (aus dem Glas)
1 kleine Dose stückige Tomaten (400 g)
2 – 3 EL getrocknete Berberit-zen (siehe Tipp)
Salz | Pfeffer
ca. 1 – 2 EL Aceto balsamico

Überraschend anders

Für 4 Personen |
45 Min. Zubereitung |
30 Min. Garen
Pro Portion ca. 515 kcal,
30 g EW, 34 g F, 20 g KH

1 Zwiebel und Knoblauch schälen und fein würfeln. Möhren und Sellerie schälen und ebenso wie die Feigen in feine Würfel schnei-den. In einer großen Pfanne 1 EL Butterschmalz zerlassen und die vorbereiteten Zutaten – bis auf die Feigen – darin ca. 5 Min. an-dünsten. Wieder herausnehmen und beiseitestellen.

2 Das Hackfleisch im restlichen Butterschmalz unter Rühren ca. 10 Min. krümelig braten, dabei nach ca. 8 Min. die Pinienkerne dazugeben. Den Zucker und das Tomatenmark in der Pfannen-mitte karamellisieren lassen. Anschließend das gedünstete Ge-müse und die Feigen hinzufügen und die Gewürze und Lorbeer-blätter dazugeben. Den Fond angießen, die Tomaten hinzufügen und alles mit halb geschlossenem Deckel bei mittlerer Hitze noch ca. 30 Min. köcheln lassen.

3 Nach ca. 25 Min. die Berberitzen dazugeben und die Bolog-nese weitergaren. Die Sauce mit Salz, Pfeffer und Essig abschme-cken. Frisch gekochte Nudeln (z. B. Fusilli bucati oder Fettuccine) auf Teller verteilen und die Bolognese darauf anrichten.

TIPP

Die säuerlichen Berberitzen werden getrocknet in orienta-lischen Ländern gerne für Reisgerichte verwendet. Meiner orientalischen Bolognese geben sie einen säuerlichen Fri-schekick. Man bekommt die vitaminreichen Früchte auf dem Markt beim Trockenfrüchte- und Nusshändler. Sie erhalten sie aber auch in arabischen und türkischen Lebensmittel-läden sowie bei Gewürz- und Feinkosthändlern im Internet. Was auch gut passt: etwas frisch gehackter Ingwer und Chili.

LINSEN-ORANGEN-SAUCE

2 Zwiebeln | 4 Knoblauchzehen | 1 Stück Ingwer (ca. 20 g) | 80 g Butter | 200 g grüne Linsen | 250 g Cocktailtomaten | 2 Orangen | 2 – 3 TL gekörnte Brühe | 1 Handvoll Minzeblätter | Salz | Pfeffer | 100 g Ricotta (ersatzweise Frischkäse)

Raffiniert kombiniert

Für 4 Personen | 45 Min. Zubereitung
Pro Portion ca. 385 kcal, 16 g EW, 22 g F, 30 g KH

1 Zwiebeln, Knoblauch und Ingwer schälen und fein würfeln. Die Hälfte der Butter in einem Topf zerlassen und Zwiebeln, Knoblauch und Ingwer darin andünsten. Die Linsen in einem Sieb abbrausen und abtropfen lassen, dazugeben und ebenfalls kurz andünsten. Anschließend 600 ml heißes Wasser dazugießen, alles aufkochen und mit halb geschlossenem Deckel bei schwacher bis mittlerer Hitze ca. 20 Min. garen.

2 Inzwischen die Tomaten waschen und halbieren. Die Orangen bis ins Fruchtfleisch schälen, die Filets mit einem scharfen Messer aus den Segmenten schneiden und halbieren. Aus den Orangenresten den Saft auspressen.

3 Brühe, Orangensaft und Tomaten zu den Linsen geben. Eventuell noch etwas Wasser dazugeben und alles noch 12 – 15 Min. weiterköcheln, bis die Linsen gar sind. Inzwischen die Minze waschen, trocken schütteln und nach Belieben klein zupfen.

4 Die Orangenfilets unter die Linsen mischen, die restliche Butter in der Sauce schmelzen lassen und alles mit Salz und Pfeffer abschmecken. Frisch gekochte Nudeln (z.B. Spaghetti oder Casarecce) auf Teller verteilen und die Sauce darauf anrichten. Je 1 Klecks Ricotta daraufgeben und die Minzeblätter darüberstreuen.

SEITAN-BOHNEN-SAUCE

1 Handvoll Kräuterblätter (z. B. Petersilie, Thymian, Oregano) | 1 große Zwiebel | 2 Knoblauchzehen | 1 Glas Dicke Bohnen (Abtropfgewicht ca. 240 g) | 60 g schwarze Oliven (ohne Stein) | 200 g Seitanwürstchen (aus dem Bio-Laden) | 2 EL Olivenöl | 2 EL Zucker | 1 Schuss trockener Weißwein (nach Belleben) | 1 kleine Dose stückige Tomaten (400 g) | 1 TL gemahlener Kreuzkümmel | 200 ml Gemüsebrühe | Salz | Pfeffer | Aceto balsamico

Veganer Pastahit

Für 4 Personen | 25 Min. Zubereitung
Pro Portion ca. 360 kcal, 19 g EW, 22 g F, 19 g KH

1 Die Kräuter waschen, trocken schütteln und fein hacken. Die Zwiebel und den Knoblauch schälen und in feine Würfel schneiden. Die Bohnen in ein Sieb abgießen, gründlich abbrausen und abtropfen lassen. Die Oliven halbieren. Die Seitanwürstchen in ca. 5 mm dicke Scheiben schneiden.

2 Das Öl in einer Pfanne erhitzen und den Seitan darin knusprig anbraten. Die Zwiebelwürfel dazugeben und kurz weiterbraten, dann beides herausnehmen. Den Zucker in der Pfanne hellbraun karamellisieren und nach Belieben mit Wein ablöschen. Den Knoblauch und die Tomaten dazugeben und alles aufkochen. Dann Bohnen, Oliven und Kreuzkümmel hinzufügen und alles bei mittlerer Hitze ca. 3 Min. köcheln lassen. Die Brühe hinzufügen und alles ca. 2 Min. weiterköcheln lassen.

3 Seitan, Zwiebeln und Kräuter dazugeben, die Sauce noch ca. 2 Min. weiterköcheln lassen. Mit Salz, Pfeffer und Essig abschmecken. Frisch gekochte Nudeln (z. B. Rigatoni, Bucatini oder Penne) auf Teller verteilen und die Sauce darauf anrichten.

OSSOBUCO-SAUCE

Seit ich Gremolata für mich entdeckt habe, würze ich sehr oft damit –
die Mischung aus Petersilie, Knoblauch und Zitronenschale schmeckt einfach zu gut!

1 Zwiebel
3 Knoblauchzehen
150 g Möhren
100 g Knollensellerie
1½ EL Zucker
2 EL Butter
3 EL Olivenöl
2 Kalbshaxenscheiben
(à 250 – 300 g)
1 EL Mehl
100 ml trockener Weißwein
(ersatzweise 70 ml Kalbsfond
+ 2 EL Aceto balsamico
bianco)
400 ml Kalbsfond
(aus dem Glas)
1 kleine Dose stückige
Tomaten (400 g)
1 Handvoll Kräuterblätter
(z. B. Thymian, Majoran,
Rosmarin, Oregano)
1 Lorbeerblatt
1 Bio-Zitrone
3 Stiele Petersilie

Belohnung für Geduldige

Für 4 Personen |
1 Std. Zubereitung |
2 Std. Schmoren
Pro Portion ca. 425 kcal,
34 g EW, 23 g F, 15 g KH

1 Die Zwiebel und 2 Knoblauchzehen schälen und fein würfeln. Möhren und Sellerie schälen und klein schneiden. In einer großen Pfanne oder einem Schmortopf den Zucker hellbraun karamellisieren. Die Butter, 1 EL Öl und das Gemüse dazugeben und bei mittlerer Hitze ca. 5 Min. dünsten. Das Gemüse wieder herausnehmen und beiseitestellen.

2 Die Haxenscheiben waschen, trocken tupfen, salzen, pfeffern und auf beiden Seiten mit Mehl bestäuben. Übriges Öl in der Pfanne bzw. dem Schmortopf erhitzen. Das Fleisch darin von beiden Seiten bei starker Hitze anbraten und wieder herausnehmen.

3 Bratensatz mit Wein ablöschen und etwas einkochen lassen. Den Fond und die Tomaten dazugeben, das Fleisch drauflegen und mit halb geschlossenem Deckel bei schwacher Hitze ca. 1 Std. schmoren, dabei die Haxenscheiben gelegentlich wenden. Die Kräuter waschen, trocken schütteln und mit dem Lorbeerblatt auf das Fleisch legen. Das Gemüse dazugeben und alles noch 1 Std. weiterschmoren. Anschließend die Sauce vom Herd nehmen und lauwarm abkühlen lassen.

4 Das Fleisch herausnehmen, von Knochen, Knorpel und Fett befreien und in Stücke zupfen. Kräuter und Lorbeer herausfischen und das Fleisch in die Sauce geben. Mit Wasser oder Brühe zur gewünschten Konsistenz verdünnen und nochmals erhitzen.

5 Inzwischen für die Gremolata den restlichen Knoblauch schälen und fein hacken. Die Zitrone heiß waschen und abtrocknen, die Schale fein abreiben und den Saft auspressen. Die Petersilie waschen und trocken schütteln, die Blätter abzupfen und fein hacken. Knoblauch, Zitronenschale und Petersilie mischen.

6 Die Hälfte der Gremolata unter die Sauce rühren, kurz ziehen lassen und die Sauce mit Salz, Pfeffer und Zitronensaft abschmecken. Frisch gekochte Nudeln (z. B. Mafaldine, Pappardelle oder Penne) auf Teller verteilen und die Sauce darauf anrichten. Mit der restlichen Gremolata bestreuen.

WILDSCHWEINRAGOUT

2 kleine Zwiebeln | 200 g Möhren | 600 g Wild-schweinschulter (oder Schweineschulter) | 2 TL schwarze Pfefferkörner | 2 Wacholder-beeren | 2 EL Butter- oder Schweineschmalz | 2 TL Zucker | 2 Lorbeerblätter | 150 ml trockener Rotwein (ersatzweise 2 EL Rotweinessig + 120 ml Fleischbrühe) | Salz | 1 TL Lebkuchen-gewürz | 800 ml Bratenfond (aus dem Glas) | 1 Msp. gemahlene Muskatblüte (nach Belie-ben) | abgeriebene Schale von ½ Bio-Orange

Weihnachtlich gewürzt

Für 4 Personen | 20 Min. Zubereitung |
1 Std. 15 Min. Schmoren
Pro Portion ca. 445 kcal, 28 g EW, 31 g F, 7 g KH

1 Zwiebeln und Möhren schälen, Zwiebeln fein, Möhren grob würfeln. Das Fleisch von Fett und Sehnen befreien und in kleine Stücke schneiden.

Pfefferkörner und Wacholderbeeren im Mörser fein zerstoßen. Das Schmalz in einem Topf zerlassen und das Fleisch darin rundherum anbraten. Möh-ren und Zwiebeln dazugeben und mitbraten.

2 Den Zucker dazugeben, etwas karamellisieren lassen. Zerstoßene Gewürze und Lorbeerblätter hinzufügen, mit Wein ablöschen und etwas verko-chen lassen. Salzen, Lebkuchengewürz dazugeben und die Hälfte des Fonds angießen. Bei mittlerer Hitze ca. 1 Std. 15 Min. schmoren, bis das Fleisch zart und die Sauce etwas angedickt ist. Nach und nach den restlichen Fond angießen, nach Belieben nach ca. 50 Min. die Muskatblüte dazugeben.

3 Lorbeerblätter entfernen. Orangenschale unter die Sauce rühren, kurz ziehen lassen, salzen und pfeffern. Frisch gekochte Nudeln (z. B. Tagliatelle) auf Teller verteilen, die Sauce darauf anrichten.

GEFLÜGEL-SENF-SAUCE

1 große Zwiebel | 2 Knoblauchzehen | 3 Zweige Thymian | 250 g Egerlinge oder Champignons | 400 g Hähnchen- oder Putenbrustfilet | 3 EL Olivenöl | 2 TL Zucker | 1 Schuss trockener Weißwein (nach Belieben) | 300 ml Gemüsebrühe | 2 TL Speisestärke | 3 – 4 TL körniger Senf | 100 g Crème fraîche | Salz | Pfeffer

Perfekt zu Spätzle

Für 4 Personen | 25 Min. Zubereitung
Pro Portion ca. 375 kcal, 24 g EW, 27 g F, 6 g KH

1 Die Zwiebel und den Knoblauch schälen und getrennt in feine Würfel schneiden. Den Thymian waschen, trocken schütteln und die Blättchen abzupfen. Die Pilze putzen, trocken abreiben und in Scheiben schneiden. Das Geflügelfleisch waschen, mit Küchenpapier trocken tupfen, von Fett und Sehnen befreien und in feine Streifen schneiden.

2 In einer Pfanne die Hälfte des Öls erhitzen. Die Hähnchenstreifen darin mit dem Thymian rundherum anbraten und wieder herausnehmen. Im restlichen Öl die Zwiebel und die Pilze andünsten. Zucker und Knoblauch dazugeben und kurz mitdunsten. Nach Belieben mit dem Wein ablöschen. Die Brühe dazugießen und alles aufkochen.

3 Die Stärke mit etwas kaltem Wasser verrühren, zu den Pilzen gießen und alles köcheln lassen, bis die Sauce leicht bindet. 3 TL Senf und die Crème fraîche unterrühren und das Fleisch in der Sauce gar ziehen lassen. Die Sauce mit Salz, Pfeffer und Senf abschmecken. Frisch gekochte Nudeln (z. B. Spaghetti, Spätzle oder Penne) auf Teller verteilen und die Sauce darauf anrichten.

KOKOS-ZITRONENGRAS-SAUCE

Wenn ich neue Rezepte kreiere, kombiniere ich gerne Einflüsse aus verschiedenen Küchen-
kulturen. So ist auch diese asiatisch-italienische Liaison entstanden.

1 Stück Ingwer (ca. 20 g)
2 Knoblauchzehen
1 Zucchino (ca. 200 g)
250 g Cocktailtomaten
1 Bund Frühlingszwiebeln
200 g Seelachsfilet
(ohne Haut)
3 EL Olivenöl
4 TL Zitronengraspaste
4 TL Zucker
1–2 getrocknete Peperoncini
(ersatzweise 1 Msp. Pul biber)
400 ml Kokosmilch
Salz
200 g geschälte, gegarte
Garnelen
1 Handvoll Basilikumblätter
(ersatzweise Thai-Basilikum)
ca. 1 EL Limettensaft

Mit Asia-Touch

Für 4 Personen |
25 Min. Zubereitung
Pro Portion ca. 447 kcal,
20 g EW, 36 g F, 11 g KH

1 Ingwer und Knoblauch schälen und fein würfeln. Den Zucchino putzen, waschen, längs vierteln und in Scheiben schneiden. Die Tomaten waschen und halbieren. Die Frühlingszwiebeln putzen, waschen und in ca. 1 cm lange Stücke schneiden. Das Fischfilet waschen, mit Küchenpapier trocken tupfen und in mundgerechte Stücke schneiden (Bild 1).

2 Das Öl in einer großen Pfanne erhitzen, Knoblauch und Ingwer darin andünsten. Die Zitronengraspaste und den Zucker hinzufügen (Bild 2), Peperoncini dazubröseln und alles kurz mitdünsten. Kokosmilch und 100 ml Wasser angießen, salzen und aufkochen.

3 Die Sauce ca. 5 Min. kochen lassen, dann Zucchini und Tomaten hinzufügen und ca. 2 Min. garen. Anschließend Frühlingszwiebeln, Garnelen und Seelachs dazugeben (Bild 3) und alles bei schwacher Hitze in der Sauce gar ziehen lassen.

4 Basilikumblätter waschen und trocken schütteln, die Hälfte der Blätter in Streifen schneiden, die andere unter die Sauce mischen. Sauce mit Salz und Limettensaft abschmecken. Die frisch gekochten Nudeln (z. B. Spaghetti oder asiat. Reisnudeln) auf Teller verteilen und die Kokos-Zitronengras-Sauce darauf anrichten. Die restlichen Basilikumblätter darüberstreuen.

TIPP

Zur Abwechslung ersetze ich die Hälfte der Zitronengraspaste auch gerne einmal durch 2 TL grüne Currypaste. Aber Achtung: Currypaste kann sehr scharf sein! Gehen Sie daher vorsichtig mit den Peperoncini im Rezept um oder lassen Sie sie ganz weg.

TINTENFISCHRAGOUT

Wenn Sie Ihre Gäste beeindrucken möchten, empfehle ich diese feine Sauce –
mit edlen Zutaten wie Tintenfisch, Safran und Wermut.

200 g Blumenkohl
1 kleine Fenchelknolle
1 rote Spitzpaprikaschote
100 g Möhren
50 g schwarze Oliven
(ohne Stein)
250 g Tintenfischtuben
(küchenfertig)
2 Frühlingszwiebeln
2 Knoblauchzehen
2 eingelegte Sardellenfilets
1 Döschen Safranfäden (0,1 g)
5 cl Wermut (z. B. Martini,
ersatzweise Brühe)
4 EL Olivenöl
400 ml Gemüsebrühe oder
Fischfond (aus dem Glas)
1 TL Fenchelsamen
(nach Belieben)
Salz | 2 TL Speisestärke
30 g eiskalte Butter | Pfeffer
Aceto balsamico bianco

Mit Alkohol

Für 4 Personen |
35 Min. Zubereitung
Pro Portion ca. 370 kcal,
13 g EW, 32 g F, 7 g KH

1 Den Blumenkohl putzen, waschen und in sehr kleine Röschen teilen. Den Fenchel putzen, waschen und sehr klein schneiden. Die Paprikaschote längs halbieren, entkernen, waschen und in schmale Streifen schneiden. Die Möhre schälen und in dünne Scheiben schneiden. Die Oliven in Ringe schneiden. Die Tintenfischtuben waschen, mit Küchenpapier trocken tupfen und ebenfalls in feine Ringe schneiden. Die Frühlingszwiebeln putzen, waschen und in Ringe schneiden. Knoblauch schälen und in feine Würfel schneiden. Die Sardellenfilets fein zerdrücken. Den Safran im Wermut einweichen.

2 Das Öl in einer großen Pfanne erhitzen, Sardellenfilets und Knoblauch darin andünsten. Blumenkohl, Fenchel, Paprika und Möhren dazugeben und alles ca. 3 Min. dünsten. Die Tintenfischringe hinzufügen und weitere 3 Min. dünsten. Den Wermut dazugießen und etwas verkochen lassen. Oliven, Brühe und nach Belieben Fenchelsamen dazugeben, das Ragout mit etwas Salz würzen und zum Kochen bringen.

3 Die Stärke mit etwas kaltem Wasser verrühren, dazugießen und alles bei schwacher Hitze ca. 10 Min. köcheln lassen, bis das Gemüse gar ist und die Sauce leicht bindet. Dabei nach ca. 8 Min. die Frühlingszwiebeln dazugeben.

4 Die Sauce vom Herd nehmen. Die Butter dazugeben und in der Sauce schmelzen lassen. Mit Salz, Pfeffer und Essig abschmecken. Frisch gekochte Nudeln (z. B. Spaghetti oder Bucatini) auf Teller verteilen und das Tintenfischragout darauf anrichten.

REGISTER

Damit Sie Rezepte mit bestimmten Zutaten noch schneller finden, sind in diesem Register auch beliebte Zutaten wie **Fenchel** oder **Speck** alphabetisch eingeordnet und hervorgehoben. Darunter finden Sie das Rezept Ihrer Wahl. Vegetarische Rezepte, die im Buch mit einem gekennzeichnet sind, sind hier grün abgesetzt.

Projektleitung: Kathrin Ullerich
Lektorat: Kathrin Gritschneder
Korrektorat: Petra Bachmann
Innen- und Umschlaggestaltung: independent Medien-Design, Horst Moser, München
Illustrationen: Julia Hollweck
Herstellung: Sigrid Frank
Satz: Kösel, Krugzell
Reproduktion: Repro Ludwig, Zell am See
Druck und Bindung: Schreckhase, Spangenberg
Syndication: www.seasons.agency

6. Auflage 2017
ISBN 978-3-8338-3436-3

 www.facebook.com/gu.verlag

GRÄFE UND UNZER

Ein Unternehmen der
GANSKE VERLAGSGRUPPE

Der Autor

Martin Kintrup kochte schon während seines Studiums in einem Café in Münster. Dabei entwickelte er solche Begeisterung und so viele Ideen für immer neue Rezeptkreationen, dass er Kochen zum Beruf gemacht hat. Als Autor und Redakteur arbeitet er für mehrere Verlage und hat schon viele erfolgreiche Kochbücher geschrieben.

Der Fotograf

Wolfgang Schardt kann seine Liebe für Essen und Trinken beruflich ausleben: In seinem Studio in Hamburg fotografiert er vor allem Food, Stills und Interieur für Magazine, Verlage und Werbung. Tatkräftig unterstützt wurde er dieses Mal von Susanne Walter (Foodstyling) und Janet Hesse (Fotoassistenz).

Bildnachweis

Titelfoto: Wolfgang Schardt; Autorenfoto: Food & Nude Photography, Münster; alle anderen Fotos: Wolfgang Schardt

Titelrezept

Zucchini-Tomaten-Pasta (S. 33), hier mit Cocktailtomaten

Liebe Leserin, lieber Leser,

haben wir Ihre Erwartungen erfüllt? Sind Sie mit diesem Buch zufrieden? Haben Sie weitere Fragen zu diesem Thema? Wir freuen uns auf Ihre Rückmeldung, auf Lob, Kritik und Anregungen, damit wir für Sie immer besser werden können.

GRÄFE UND UNZER Verlag
Leserservice
Postfach 86 03 13
81630 München
E-Mail:
leserservice@graefe-und-unzer.de

Telefon: 00800 / 72 37 33 33*
Telefax: 00800 / 50 12 05 44*
Mo–Do: 9.00 – 17.00 Uhr
Fr: 9.00 – 16.00 Uhr
(* gebührenfrei in D, A, CH)

Ihr GRÄFE UND UNZER Verlag
Der erste Ratgeberverlag – seit 1722.

Umwelthinweis:

Dieses Buch ist auf PEFC-zertifiziertem Papier aus nachhaltiger Waldwirtschaft gedruckt.

Appetit auf mehr?

QUICHES
Ofenfrisch verführerisch

ISBN 978-3-8338-3431-8

EXPRESS-ABENDESSEN
Speed-Dating auf dem Teller

ISBN 978-3-8338-4660-1

BURGER
Lieblings-Fastfood
selbst gemacht

ISBN 978-3-8338-3962-7

PASTA
Die besten 50 Rezepte

AUFLÄUFE
Lieblinge aus dem Ofen

ISBN 978-3-8338-3427-1

1 SALAT – 50 DRESSINGS
Würzig, cremig, herrlich frisch

ISBN 978-3-8338-3775-3

 Alle hier vorgestellten Bücher
sind auch als eBook erhältlich.

Mehr von GU auf **www.gu.de** und
facebook.com/gu.verlag

GU
Willkommen im Leben.

KLASSISCHE TOMATENSAUCE

Dieser Sugo ist die Allzweckwaffe jeder italienischen Mamma!
Sie schmeckt immer und lässt sich ganz leicht abwandeln.

2 Zwiebeln | 3 Knoblauchzehen | 1 Möhre |
50 ml Olivenöl | 1 EL Tomatenmark | 1 EL Zucker |
1 Schuss trockener Weißwein (nach Belieben) |
3 kleine Dosen stückige Tomaten (à 400 g) |
150 ml Gemüsebrühe | 1 Handvoll Basilikum-
blätter | Salz | Pfeffer | Cayennepfeffer (nach
Belieben) | Aceto balsamico

Eine für alle Fälle

Für 4 Personen | 20 Min. Zubereitung |
1 Std. Garen
Pro Portion ca. 200 kcal, 4 g EW, 13 g F, 14 g KH

1 Die Zwiebeln und 2 Knoblauchzehen schälen
und fein würfeln. Die Möhre schälen und ebenfalls
sehr klein würfeln. Das Öl in einem Topf erhitzen,
die Zwiebeln darin bei mittlerer Hitze ca. 8 Min.
dünsten, dabei nach ca. 4 Min. Möhre und Knoblauch dazugeben. Das Tomatenmark und den
Zucker dazugeben und ca. 3 Min. mitdünsten.

2 Nach Belieben mit Wein ablöschen. Tomaten
und Brühe dazugeben, aufkochen und mit halb geschlossenem Deckel bei schwacher Hitze ca. 1 Std.
köcheln lassen, dabei ab und zu umrühren.

3 Inzwischen Basilikum waschen, trocken schütteln und in Streifen schneiden. Die übrige Knoblauchzehe schälen und zur Sauce pressen, Basilikum untermischen. Die Sauce mit Salz, Pfeffer und
nach Belieben Cayennepfeffer würzen und mit
etwas Essig abschmecken.